ДИАГРАММА ИСИКАВЫ ДЛЯ УПРАВЛЕНИЯ РИСКАМИ

Предвидеть и решать проблемы в рамках бизнеса

50MINUTES.com

ДИАГРАММА ИСИКАВЫ ДЛЯ УПРАВЛЕНИЯ РИСКАМИ

Предвидеть и решать проблемы в рамках бизнеса

написанный Ariane de Saeger
в переводе Nastia Abramov

50MINUTES.com

ДИАГРАММА ИСИКАВЫ ДЛЯ УПРАВЛЕНИЯ РИСКАМИ

КЛЮЧЕВАЯ ИНФОРМАЦИЯ

- **Имена:** Диаграмма Исикавы, диаграмма "рыбья кость", диаграмма "елочка", причинно-следственная диаграмма, Фишикава, 5 мисс.

- **Применение:** Диаграмма Исикавы определяет причины и следствия проблемы. Она также может использоваться в качестве аналитического инструмента в управлении проектами (особенно в управлении рисками) и контроле качества.

- **Почему она успешна?** Этот инструмент не позволяет пользователям упустить из виду некоторые причины проблемы и предоставляет необходимые элементы для изучения потенциальных решений. Эта диаграмма считается инструментом управления качеством.

- **Ключевые слова:**

  - <u>Подход</u>: метод; способ рассуждения.

  - <u>Мозговой штурм</u>: оригинальный метод исследования, основанный на свободных ассоциациях, выдвигаемых всеми членами группы.

- Причина: причина чего-либо; то, что вызывает или отвечает за это.

- Эффект: результат или следствие.

- Доля рынка: процент продаж компании по отношению к общему объему продаж в секторе.

- Проблема: проблема или вопрос, который может быть предметом обсуждения и требует решения.

- Решение: ответ на проблему или вопрос.

ВВЕДЕНИЕ

История

Диаграмма Исикавы была изобретена Каору Исикавой (1915-1989), японским профессором и инженером-химиком Токийского университета. Известный эксперт и пионер в области теорий управления качеством, он впервые использовал эту диаграмму в 1943 году, пытаясь объяснить группе инженеров сталелитейной компании, как понять проблему на основе общего анализа – как можно более исчерпывающего – сложных факторов.

Определение модели

Диаграмма Исикавы – это графический инструмент, используемый в бизнесе, который предлагает обзор причин и следствий проблемы. Ранжируя причины, можно точно определить источники проблемы.

ТЕОРИЯ

Хотя диаграмма Исикавы в основном используется в бизнесе как инструмент управления качеством или проектами, она также особенно хорошо подходит для управления рисками. Действительно, диаграмма позволяет не только решать проблемы, но и предвидеть их. Например, когда предприятие хочет реализовать проект, оно изучает аспекты, которые могут возникнуть в случае неудачи проекта. Оценивая различные элементы, которые могут привести к неудаче проекта, компания точно знает, на чем сосредоточить свое внимание, чтобы предотвратить реальное возникновение проблемы.

ЦЕЛЬ ДИАГРАММЫ ИСИКАВЫ

Метод Исикавы — это инструмент бизнес-планирования, целью которого является визуальный и структурированный анализ причин и последствий конкретной проблемы.

ДОПУЩЕНИЯ

Модель Исикавы основана на двух предположениях:

- для каждой проблемы существует ограниченное количество первичных и вторичных причин;

- Различение этих двух типов причин является первым шагом на пути к решению проблемы.

КОМПОНЕНТЫ МОДЕЛИ

Профессор Исикава делит различные причины возникновения проблемы на пять групп, которые называются "5 M".

- **Материал:** сюда относится все, что может быть потреблено или использовано проектом, например, сырье, бумага, вода, электричество и т.д.

- **Метод:** сюда входят существующие процедуры, поток информации, исследования и разработки, режимы работы и т.д.

- **Мать-природа:** соответствует окружающей среде и контексту, которые могут оказать влияние на проект (рабочее место, зеленые насаждения и т.д.).

- **Оборудование:** речь идет о необходимом для проекта оборудовании. Сюда входят, например, помещения, запасные части, оборудование, аппаратные средства, программное обеспечение, технологии, машины или оборудование завода. Эта категория обычно требует инвестиций.

- **Трудовые ресурсы:** речь идет о человеческих ресурсах, задействованных в проекте, и квалификации персонала.

Каждая категория может включать другие причины или категории причин в зависимости от желаемого уровня детализации.

ОТ 5 МС ДО 7 ИЛИ 8 МС

Хотя первоначально диаграмма была ограничена 5 Мс, сейчас некоторые расширили ее до 7 или 8 Мс, в зависимости от ситуации. Сама цель остается неизменной (другими словами, она по-прежнему позволяет конкретно, всеобъемлюще и исчерпывающе визуализировать причины проблемы, которая должна рассматриваться как приоритетная) и, что самое важное, позволяет определить наиболее эффективное решение.

Следующие факторы могут быть добавлены к первоначальным 5 Ms:

- **Измерение:** соответствует всему, что может быть определено количественно для получения результата;

- **Управление:** это метод надзора, стиль руководства и т.д.;

- **Обслуживание:** бюджеты, расходы, доходы и т.д., которые неизбежно окажут влияние на все остальные М.

ПРЕИМУЩЕСТВА

Диаграмма Исикавы имеет много преимуществ, поскольку позволяет пользователям:

- классифицировать все причины проблемы;

- разбить на части относительно большую проблему;

- поощрять всех членов команды к участию в анализе и таким образом создавать динамику управления проектом;

- предотвратить упущение причин, работая в группе;

- определить области для дальнейшего изучения, где иногда не хватает информации;

- анализировать проблему, независимо от того, в какой области или сфере бизнеса она возникла;

- предоставить элементы для разработки подходящего решения проблемы;

- дать общее представление о цепочке причин и следствий.

Этот тип инструмента участия предлагает относительно широкое поле зрения и размышлений, что позволяет пользователям не ограничиваться слишком упрощенными наблюдениями при возникновении проблемы. Он расширяет рамки возможных причин (потенциальной) проблемы и, в то же время, определяет решения и мероприятия, которые необходимо осуществить для предотвращения или решения конкретной проблемы.

ОГРАНИЧЕНИЯ И РАСШИРЕНИЯ

ОГРАНИЧЕНИЯ И КРИТИКА

- Несмотря на многочисленные преимущества, диаграмма Исикавы не особенно полезна для решения чрезвычайно сложных проблем, где причин много, а проблемы взаимосвязаны. Однако зачастую именно эти взаимосвязи лежат в основе существующей или потенциальной проблемы.

- Второй критикой модели является ранжирование причин. Оно проводится в соответствии с опытом рабочей группы, когда оно не основано на статистическом анализе проблемы, возникшей ранее. Поэтому такое ранжирование может варьироваться от одной группы к другой, в зависимости от их субъективной точки зрения, и быть менее релевантным и успешным, чем строго статистические данные.

Как правило, рекомендуется использовать метод Исикавы в сочетании с другим методом, чтобы обеспечить объективность и релевантность анализа.

СВЯЗАННЫЕ МОДЕЛИ И РАСШИРЕНИЯ

Для расширения кругозора по одной и той же проблеме можно использовать несколько инструментов.

5 причин

Метод "5 причин", впервые разработанный и внедренный в японской автомобильной компании Toyota, направлен на исследование коренных причин проблемы.

Метод прост, но очень эффективен: он заключается в том, чтобы пять раз задать вопрос "Почему?", чтобы выявить истинный источник проблемы. Таким образом, после выявления поверхностной причины рабочая группа может искать различные коренные причины проблемы, задавая вопрос "Почему?". Эти причины обычно появляются после второго или третьего вопроса. Чаще всего в корне проблемы лежат организационные причины. Важно не торопиться и точно рассмотреть различные уровни, чтобы не упустить ключевые элементы. Этот метод во многом схож с диаграммой Исикавы.

Диаграмма Парето

Этот график, а точнее гистограмма, является инструментом анализа данных, который позволяет пользователям визуализировать возникновение проблем в процентах в порядке убывания. Это делает приоритет более четким, так как лицо, принимающее решение, знает, на какой элемент следует обратить внимание. Это базовая система, которая облегчает визуализацию масштаба проблемы.

Сетка эффективности

Сетка эффективности – это график, на котором показаны различные возможные решения. В то время как другие инструменты расширяют поле для размышлений о происхождении проблемы, сетка эффективности позволяет использовать более математический подход и сравнивает как эффективность, так и стоимость решения. Когда сетка заполнена, пользователь логически выберет решение, которое окажется наиболее эффективным при наименьших затратах (эффективность), учитывая при этом его целесообразность. Если по тем или иным причинам команда не выберет это решение, она должна будет обосновать свой выбор, изложив цели, которые были ранжированы и специально рассмотрены для данного проекта.

Ось x представляет собой стоимость, а ось y — эффективность.

Потенциальные решения должны быть помещены в сеть на основе их стоимости и эффективности. Важно помнить о некоторых основных идеях анализа экономической эффективности:

- эффективность измеряется одним результатом, определенным заранее;

- следует измерять общую стоимость каждого решения;

- это инструмент оценки проекта или программы, где цель может быть сведена к одному результату;

- этот анализ можно использовать до, во время и после проекта.

Учитывая эти факторы, наиболее выгодное решение (наиболее эффективное при наименьших затратах) станет очевидным.

Метод CARRTDAF

Как и сетка эффективности, метод CARRTDAF больше ориентирован на поиск решений, чем на причины проблемы. Однако он остается интересным и дополнительным инструментом к диаграмме Исикавы.

Успех этого метода зависит от ряда факторов, включая активное участие рабочей группы и разнообразие профессий и навыков ее участников. Процедура внедрения этого инструмента сложнее, чем та, которая необходима для диаграммы Исикавы и дополнительных методов, описанных ранее.

Заключение

Очевидно, что различные модели связаны между собой и что анализ проблемы, ее причин и решений идет рука об руку. Конечно, трудно рассматривать диаграмму Исикавы как изолированный инструмент, поскольку анализ причин не может происходить без тщательного анализа проблемы и ее решений. В любом случае, менеджер является частью непрерывного процесса и использует как можно больше методических инструментов для решения данной проблемы со своей рабочей группой, пока не убедится, что нашел потенциально работоспособные решения.

ПРАКТИЧЕСКОЕ ПРИМЕНЕНИЕ

СОВЕТЫ И ПЕРЕДОВОЙ ОПЫТ

Шаги для построения диаграммы

Диаграмма Исикавы строится постепенно путем поэтапного выполнения различных этапов работы, необходимых для осмысления и составления полезного графического представления по проблеме. В частности, пользователи должны:

- **Четко определите проблему** и, как только это будет сделано, нарисуйте горизонтальную стрелку, указывающую на проблему, аварию или эффект.

- **Составьте перечень возможных причин** (например, путем мозгового штурма) и работайте с компетентными людьми и экспертами в области проблемы.

- **Соберите данные мозгового штурма**.

- **Распределите идеи по группам (5-8 M)**, но помните, что не все M обязательно применимы к каждому сектору. Помните, что метод Исикавы должен быть адаптирован к предмету, контексту и проблеме. Этот шаг позволяет нарисовать вторичные стрелки, которые должны быть присоединены к основной горизонтальной стрелке. Каждая из этих стрелок представляет одну из групп потенциальных причин.

- **Для каждой ветви ищите коренные причины проблемы,** которые еще не выявлены. После этого шага можно нарисовать более мелкие стрелки, соответствующие причинам различных групп.

- **Оцените приоритетные причины** и взвесьте каждую причину, чтобы определить наиболее важные направления действий и ранжировать их.

- **Выберите причины, по которым следует действовать** после завершения диаграммы, в зависимости от того, какой приоритет они получили. Затем потенциальные причины и вторичные причины будут разделены на две группы.

- **Внедрение решений и корректирующих действий.** Этот шаг может соответствовать этапу тестирования или этапу внедрения решения.

Таким образом, все элементы собраны воедино, что позволяет менеджеру проекта визуализировать "рыбьи кости" и организовать рабочие группы в зависимости от тестируемых решений. Для каждого M на диаграмму добавляется "кость", как показано ниже.

Подводные камни, которых следует избегать

Сложность диаграммы Исикавы связана не столько с ее поэтапной методологией, которая на самом деле облегчает ее построение, сколько с игнорированием некоторых ключевых элементов:

- **Важность командной работы.** Это лежит в основе всех размышлений во время и после построения диаграммы.

Фактически, без широкого осмысления, команды с различными навыками, группового менталитета или активного и динамичного коллективного участия (поиск решений, консенсусное соглашение о приоритетах и т.д.), причины проблемы не будут тщательно проанализированы, а наиболее очевидное решение может быть не рассмотрено.

- **Использование инструмента.** Хотя диаграмма Исикавы считается инструментом управления качеством, ее не следует сводить только к этой цели. При подготовке проекта ее можно использовать для контекстуального анализа и/или анализа потенциальных рисков — аспекта, которому сегодня уделяется все больше внимания в бизнесе. Кроме того, было бы неправильно рассматривать ее только как инструмент для поиска причин проблемы, поскольку она также может быть использована для анализа причин успеха.

- **Характер мозгового штурма.** Рекомендуется обменяться точками зрения со всеми членами команды, чтобы рассмотреть все аспекты (причины и следствия) проблемы, при этом каждый может свободно выразить свое личное мнение по рассматриваемому вопросу.

- **Уважение к процессу.** Важно постепенно ранжировать причины в соответствии с их важностью по отношению к проблеме. Действительно, диаграмма Исикавы в основном основана на постановке вопросов и выдвижении взаимосвязанных идей относительно изучаемой проблемы.

- **Степень его применимости**. Хотя метод Исикавы изначально был предназначен для инженеров и в целом ориентирован на мир бизнеса, он также должен быть применим во всех секторах (государственном и частном), например, в больницах. Поэтому его терминология и факторы, изучаемые с помощью этого инструмента, должны быть адаптированы к сектору, в котором применяется анализ.

Рекомендации

Диаграмма Исикавы обсуждается во многих справочных работах, в которых приводятся различные мнения относительно правильного применения этого инструмента. Ниже приведены некоторые основные советы из литературы:

- **Будьте методичны.** Хотя диаграмма Исикавы является очень интересным и эффективным инструментом, все же важно избегать срезания углов и искать причины, а не решения.

- **Будьте внимательны.** В ходе обсуждения могут быть выявлены новые причины. На этом этапе мозгового штурма не следует ничего оставлять без внимания, чтобы поощрять творчество, открытость и предложения группы.

- **Будьте скрупулезны.** Если причин слишком много и они приводят к слишком сложной диаграмме, лучше построить ее ветвь за ветвью.

- **Будьте прагматичны.** Необходимо адаптировать терминологию этого инструмента к сектору, в котором он применяется.

- **Будьте внимательны.** Диаграмма не должна ограничиваться только негативными причинами, но также должна анализировать и позитивные причины.

- **Будьте точны.** Проверьте, что установленные причины действительно приводят к наблюдаемому на практике эффекту.

ТЕМАТИЧЕСКОЕ ИССЛЕДОВАНИЕ

Диаграмма Исикавы позволяет легко, просто и структурированно проанализировать проблему, определив ее причины и следствия. Возьмем пример супермаркета в Женеве, который сталкивается с очень низким уровнем удовлетворенности клиентов, и предположим, что:

- Супермаркет является известным магазином, который занимает равную долю рынка с другими супермаркетами в Женеве.

- Компания стремится к тому, чтобы ежегодный уровень удовлетворенности клиентов составлял 80%.

- Отдел маркетинга решает провести исследование удовлетворенности, чтобы узнать о восприятии услуг, предлагаемых клиентам.

- Опрос относительно короткий, с одним вопросом на тему, а именно "Удовлетворены ли вы...?", на который нужно ответить в соответствии со шкалой удовлетворенности от 0 до 5 (0 — полная неудовлетворенность, 5 — полная удовлетворенность). Темы включают качество персонала, качество продукции, инфраструктуру, расположение супермаркета и т.д.

Обратите внимание, что более подробный опрос об удовлетворенности мог бы помочь команде лучше понять истинные причины общей неудовлетворенности. Однако, поскольку клиенты обычно тратят на это мало времени, следователи часто предпочитают предлагать им короткую анкету.

Возникшая проблема

После опроса почти 500 покупателей из десяти различных магазинов, суммирование результатов показало низкий уровень удовлетворенности покупателей: всего 20%.

Применение модели

Для того чтобы предпринять конкретные действия, команда маркетологов решает проанализировать причины проблемы, прежде чем разрабатывать какое-либо решение или даже план действий.

Менеджер отдела маркетинга хочет создать рабочую группу, состоящую из членов из разных отделов с различными навыками и многолетним опытом. Для этого она связывается с каждым отделом (коммуникации, финансы, товар, логистика и т.д.) с целью получения более широкого представления о первопричинах на этапе мозгового штурма. Когда члены группы выбраны, она объясняет им, что темой следующей рабочей встречи будет выявление причин, лежащих в основе тревожных результатов опроса клиентов: уровень удовлетворенности составляет 20%, что далеко от первоначально установленной годовой цели в 80%. Таким образом, руководитель может попросить участников заранее записать, какие, по их мнению, причины (первичные и вторичные) вызвали эту проблему.

- **Первая встреча.** Во время первой сессии мозгового штурма происходит оживленное обсуждение и обмен идеями. Руководитель рабочей группы предоставляет список всех выявленных причин в соответствии с пятью основными категориями причин, предложенными Исикавой: материал, метод, мать-природа, машина и трудовые ресурсы. Причины, связанные с бюджетным аспектом, то есть с финансовыми ресурсами, в данном случае значительны, учитывая условия ведения бизнеса. Например, в ситуации экономического кризиса, если сократить численность персонала, качество обслуживания может быть ниже, что приведет к снижению удовлетворенности клиентов. Вклад руководителя группы зависит, конечно, от динамики группы, и он будет участвовать больше или меньше в зависимости от ситуации. В любом случае, он попросит участников проранжировать выявленные причины в порядке приоритетности, не опуская никаких идей о происхождении проблемы, даже если их трудно услышать руководителю.

- **Сделайте шаг назад.** После первого шага всегда полезно дать участникам время сделать шаг назад, чтобы они могли вернуться к элементам, которые ранее были упущены во время первого мозгового штурма. В то же время это дает руководителю время для реорганизации различных идей, высказанных группой, постановки новых вопросов, размещения обсуждаемых причин на диаграмме и наблюдения за категориями причин, оставшихся без внимания. С этого момента они получат общую картину и более четкое видение, что позволит им ясно предсказать приоритетные причины, требующие углубленного анализа.

- **Второе заседание.** На этом втором рабочем заседании следует обобщить проблему и причины, чтобы определить основную причину (причины). Затем рабочая группа обдумает действия, которые необходимо предпринять в своих отделах для устранения основной причины (причин) проблемы неудовлетворенности.

Теперь мы можем еще раз взглянуть на проблему и потенциальные причины, обсуждавшиеся группой:

- Материнская природа: Магазин расположен далеко от центра.

- Материал: В магазине нет секции, посвященной органическим продуктам.

- Метод: Не хватает персонала, что вызывает очереди на кассе, часы работы магазина негибкие, а телефонная служба поддержки клиентов неэффективна.

- Машина: Часто возникают проблемы при использовании самоконтроля, проблемы с электронными кассами и т.д.

- Трудовые ресурсы: персонал грубый и/или некомпетентный, обслуживание клиентов неэффективное и/или отсутствует.

Факторы, вызывающие неудовлетворенность клиентов, настолько многочисленны, что, возможно, было бы полезно включить в конце анкеты опросника предложений, чтобы недовольные клиенты могли свободно высказаться.

Наконец, если причина, определенная как приоритетная, связана с некомпетентностью персонала (отсутствие знаний о продукции, предлагаемой супермаркетом) и должна быть устранена быстро и эффективно, следует рассмотреть эффективные решения. Это могут быть тренинги, которые четко объясняют различные продукты в ассортименте, предлагаемом брендом, или основы взаимоотношений между работником и клиентом.

В период от шести месяцев до одного года после внесения необходимых корректировок руководство должно не забыть проверить результаты, чтобы подтвердить, что внедренный план действий действительно оказал влияние. Для этого команда маркетинга может, в частности, провести новый опрос об удовлетворенности.

Заключение

Качественное управление проблемой может быть выполнено просто, при условии, что подход структурирован и хорошо продуман. В данном примере невозможно сказать, будет ли результат использования диаграммы автоматически положительным и что через год клиенты будут более или менее удовлетворены. Действительно, цифры из финансового отдела (коэффициент удовлетворенности, показатели продаж и т.д.) помогли бы более точно определить причину. Если продажи и удовлетворенность клиентов ниже, легко сделать вывод, что качество продукции снизилось, и поэтому необходимо уделить внимание материалам.

Другие связанные модели, описанные ранее, также могут дополнить подход Исикавы.

РЕЗЮМЕ

- Диаграмма Исикавы — это инструмент управления качеством, разработанный в 1940-х годах японским инженером Каору Исикавой.

- Этот метод поощряет структурированный анализ проблемы путем выявления ее причин и следствий.

- Шагами, ведущими к решению проблемы, являются:

  - связывая причины с одним следствием;

  - сортировка причин по категориям (5 или 8 Ms);

  - ранжирование причин в порядке их важности;

  - определение приоритетов;

  - реализации наиболее подходящего решения.

- Это индивидуальный и коллективный подход (объединение идей), где основными аспектами являются командная работа, мозговой штурм и построение диаграммы.

- Предполагается, что качество результата, полученного из диаграммы, зависит в основном от рабочей группы (члены группы должны дополнять друг друга в плане навыков, знаний и опыта).

- Существуют и другие инструменты, похожие на диаграмму Исикавы:

  - 5 причин;

  - диаграмма Парето;

- сетка эффективности;

- метод CARRTDAF.

- Тщательное и четкое отображение причин проблемы способствует повышению эффективности инструмента.

- Рекомендации:

  - работать методично, перечисляя факты;

  - основывайте свою работу на точных и проверенных доказательствах;

  - не пропускайте этапы и тщательно их разрабатывайте;

  - использовать дополнительные инструменты, чтобы ваш подход был тщательным и конструктивным.

ДАЛЬНЕЙШЕЕ ЧТЕНИЕ

БИБЛИОГРАФИЯ

Agence Nationale pour la Promotion de l'Innovation et de la Recherche au Luxembourg (2008) *Diagramme d'Ishikawa = diagramme cause-effet*. [Online]. [Accessed 15 February 2017]. Доступно по адресу: < http://www.innovation.public.lu/fr/innover/gestion-innovation/resolution-probleme/diagrammeishikawa-fr.pdf>.

Европейская комиссия (2014) *L'analyse coût-efficacité*. [Online]. [Accessed 22 December 2014]. Доступно из Интернет-архива: < https://web.archive.org/web/20150421232210/http://ec.europa.eu/europeaid/evaluation/methodology/examples/too_cef_res_fr.pdf>.

Жилле-Гуанар, Ф. и Сено, Б. (2012) *Le grand livre du responsable qualité*. Париж: Eyrolles.

Ishikawa, K. (1984) *La gestion de la qualité. Outils et applications pratiques*. Paris: Dunod.

Le Dico du Marketing. *Определение. Diagramme de cause à effet de Kaoru Ishikawa*. [Online]. [Accessed 12 December 2014]. Available from: < http://www.ledicodumarketing.fr/definitions/Diagramme-de-cause-a-effet-de-Kaoru-Ishikawa.html>.

Lehu, J. -M. (2012) *L'encyclopédie du marketing*. Париж: Eyrolles.

Менеджер GO! (2013) *Comment utiliser le diagramme d'Ishikawa*. [Online]. [Accessed 12 December 2014].

Доступно с: < http://www.manager-go.com/gestion-de-projet/dossiers-methodes/ishikawa-5m>.

Nachal, L. (2011) La construction d'un diagramme causes-effets. *InfoQualité*. [Online]. [Accessed 12 December 2014]. Available from: < http://www.infoqualite.fr/la-construction-dun-diagramme-causes-effets/>.

Pommeret, B. (2013) *La boîte à outil de l'organisation*. Париж: Dunod.

ДОПОЛНИТЕЛЬНЫЕ ИСТОЧНИКИ

Исикава, К. (1985) Что такое тотальный контроль качества? Японский путь. Trans. Lu, D. J. New Jersey: Prentice Hall.

Издательство гарантирует достоверность опубликованной информации,
что, однако, не может повлечь за собой его ответственность.

Мастер ISBN: 9782808601498
Бумажный ISBN: 9782808602945
Легальный депозит: D/2022/12603/295

Цифровое оформление: Primento,
цифровой партнер издателей.

www.ingramcontent.com/pod-product-compliance
Lightning Source LLC
LaVergne TN
LVHW041300200726
843507LV00014B/3061